LAS PROFECÍAS DE
BABA VANGA

La Nostradamus de los Balcanes

Predicciones Reveladas, Visiones Apocalípticas
Y Los Secretos Prohibidos
De La Más Grande Profetisa Del Siglo XX

Autor:

Pluma Arcana
www.OperacionArconte.com

Edición original en español:
LAS PROFECÍAS DE BABA VANGA – LA NOSTRADAMUS DE LOS BALCANES

Primera edición Diciembre de 2024

Derechos reservados. Ninguna parte de este libro puede ser reproducida o transmitida en cualquier forma o por ningún medio electrónico o mecánico, incluyendo fotocopiado, grabado o por cualquier almacenamiento de información o sistema de recuperación, sin permiso escrito de los autores.

Nota importante de exención de responsabilidad: Este libro es solo para propósitos educativos y de entretenimiento. El autor ha hecho todo lo posible para proporcionar información completa, precisa, actual y confiable, pero no se puede garantizar. El autor no es un experto en asesoramiento legal, financiero, médico o profesional. La información en este libro se ha recopilado de diferentes fuentes, por lo que es importante que consultes a un profesional antes de probar cualquier técnica descrita. Al leer este libro, aceptas que el autor no se hace responsable de ninguna pérdida directa o indirecta que pueda surgir por el uso de la información proporcionada, como errores o inexactitudes. Este material debe ser tomado como ficción y/o material de entretenimiento exclusivamente.

COPYRIGHT© OperacionArconte.com

Contenido

Introducción
por Cynthia de Salvador Freixedo...............1

1. La Niña que Vio la Oscuridad................6

2. El Don del Más Allá...........................13

3. La Ermitaña de los Balcanes 20

4. Visiones de Guerra y Destrucción........25

5. Catástrofes Naturales...........................31

6. El Kursk se Hundirá 38

7. Predicciones Tecnológicas 43

8. La Exploración de Venus 50

9. El Deshielo Fatal 56

10. El Regreso del Comunismo
en 2076 61

11. Contacto Extraterrestre......................69

12. La Guerra de Marte 77

13. El Éxodo Terrestre 83

14. El Último Día: 5079 91

15. Los Rituales Secretos 97

16. La Ciencia Detrás de
las Visiones 105

17. Los Herederos del Don 112

18. Predicciones Incumplidas 120

19. El Código Vanga 128

20. Las Predicciones Prohibidas:
Los Vaticinios Nunca Revelados 135

Sobre el Autor 145

Introducción por Cynthia de Salvador Freixedo

En lo profundo de los Balcanes, en un rincón remoto cubierto por la niebla del misterio, surgió una voz que parecía susurrar desde el mismo tejido del tiempo. Baba Vanga no necesitaba ver para comprender lo que otros no podían siquiera imaginar. Privada de la vista desde su infancia, desarrolló un sentido que iba más allá de lo humano, un acceso a planos que escapan a nuestra percepción. Desde esa aldea perdida, predijo el ascenso y caída de naciones, la llegada de pandemias globales y el surgimiento de tecnologías que todavía estamos aprendiendo a manejar.

Las palabras de Baba Vanga atraviesan décadas, señalando no solo nuestro presente, sino un futuro que aún parece inalcanzable. Sus visiones, a menudo inquietantes, desafiaron las leyes de la probabilidad y los límites de la lógica. Hoy, su legado no solo intriga, sino que pone a prueba nuestra capacidad de aceptar lo inexplicable. En el mundo hispanohablante, su nombre es casi desconocido, y no por la falta de mérito de sus predicciones, sino porque lo que ella vio nos fuerza a enfrentarnos a preguntas incómodas. Este libro, Las Predicciones de Baba Vanga: La Nostradamus de los Balcanes, expone las profecías que durante mucho tiempo han permanecido ocultas tras un velo de incredulidad y escepticismo.

Lo que más desestabiliza no son los eventos que ya se cumplieron —y que resultan impactantes por sí solos—, sino aquellos que aún esperan en el horizonte. Baba Vanga habló de un futuro donde la humanidad dejará de ser terrestre, cruzará fronteras interestelares y se enfrentará a guerras fuera de este mundo. En sus palabras, la humanidad tal como la conocemos está destinada a transformarse, a volverse irreconocible. Estas visiones, que podrían parecer imposibles, adquieren un matiz perturbador cuando recordamos cuántas de sus predicciones improbables ya se han cumplido.

El autor, conocido como Pluma Arcana, no solo reúne una crónica detallada de estas profecías, sino que explora los métodos y las circunstancias que las hicieron posibles. Aquí no hay lugar para interpretaciones simplistas ni desdén hacia lo desconocido. Baba Vanga veía el tiempo como un campo infinito de posibilidades, un mosaico en constante cambio del cual solo ella podía vislumbrar fragmentos. Este libro no se detiene en lo obvio; también revela aquellas predicciones que la vidente consideró demasiado peligrosas para compartir por completo.

¿Qué significa para nosotros contemplar el año 5079, el momento que Baba Vanga marcó como el final del tiempo? Las páginas que siguen no ofrecen tranquilidad, sino un desafío. Nos invitan a aceptar que hay fuerzas y destinos que se escapan de nuestro control. Este no es un libro para buscar consuelo, sino para enfrentarse a lo inevitable.

Adentrarse en el universo de Baba Vanga es como caminar por un sendero en el que cada paso redefine la realidad. Este libro es una guía para quienes se atreven a mirar más allá de las certezas, explorando un legado que nos obliga a cuestionar todo lo que creíamos saber sobre el tiempo, el destino y nuestra propia existencia.

Cynthia de Salvador Freixedo

<u>www.OperacionArconte.com</u>

1. La Niña que Vio la Oscuridad

Vangelia Pandeva Dimitrova nació el 31 de enero de 1911 en Strumica, un pequeño pueblo enclavado en las montañas de Macedonia. Ese día, un eclipse solar anular envolvió el lugar en una penumbra inusual, cargada de tensión. Para los ancianos de la aldea, aferrados a tradiciones milenarias, aquello no era un evento natural cualquiera. Era un aviso del destino que acompañaría a la recién nacida, un eco de las fuerzas cósmicas que parecían alinearse en torno a ella.

Desde su nacimiento, todo en Vangelia parecía envuelto en señales perturbadoras. Su llegada evocaba la de otras figuras proféticas: Nostradamus, anunciado por la aurora boreal, o Juan el Bautista, precedido por señales en los cielos. La partera, Baba Zlata, fue la primera en notar lo extraño. La niña tenía un velo traslúcido cubriendo su rostro, una característica que, según el folclore eslavo, auguraba habilidades sobrenaturales. Pero lo más impactante era una marca brillante, en forma de estrella, en su pecho. Esta desapareció al tercer día, como si hubiera sido solo un rastro efímero del destino que la marcaba.

Lo que sucedió con las abejas aquel día aún eriza la piel de los ancianos que lo presenciaron. Como respondiendo a un llamado invisible, abandonaron sus colmenas en masa, danzando en el aire en patrones que los viejos del pueblo reconocieron con temor: eran los mismos símbolos descritos en las antiguas profecías sobre la llegada de una vidente tocada por los ángeles. Pero fue el primer llanto de la pequeña el que sacudió al pueblo hasta sus cimientos: cada reloj, desde los antiguos péndulos hasta los más modernos, se detuvo en seco. El tiempo mismo parecía haberse arrodillado ante aquella recién nacida, como si reconociera en ella a alguien capaz de ver más allá de sus límites.

La infancia de Vangelia fue todo menos ordinaria. A los dos años, durante una tormenta que asustó al pueblo, la pequeña permaneció serena, mirando al cielo como en un trance. Los relámpagos parecían seguir sus movimientos, trazando en el firmamento símbolos antiguos que los ancianos identificaron como marcas de protección tracias. En los días posteriores, los animales mostraron comportamientos inusuales: perros aullaban hacia su casa, pájaros volaban en círculos perfectos sobre su techo y cabras se arrodillaban al verla pasar. Incluso las abejas parecían responder a ella, danzando en espirales a su alrededor, como si reconocieran en la niña una conexión con fuerzas primordiales.

A los cinco años, Vangelia desarrolló una obsesión con los espejos, un objeto raro en su entorno. Pasaba largas horas frente a ellos, susurrando palabras incomprensibles mientras movía las manos como si intentara abrir puertas invisibles. El pueblo comenzó a llamarla "la niña de los espejos". Aunque algunos la evitaban por temor, otros buscaban su ayuda, convencidos de que poseía la capacidad de ver lo que otros no podían.

En la primavera de 1923, el destino de Vangelia dio un giro que cimentó su lugar en el folclore local. Mientras jugaba en un campo de amapolas, un tornado surgió de la nada. El cielo se tornó gris y el viento rugió, levantando polvo y hojas. Vangelia fue arrastrada por el vórtice. Los testigos recordaron cómo parecía flotar en el aire, con una expresión de calma desconcertante. Cuando fue encontrada, varios kilómetros más allá, yacía en un claro del bosque, cubierta de polen dorado. Sus ojos estaban llenos de arena y astillas, y aunque su cuerpo mostraba heridas, su rostro irradiaba serenidad.

Los días posteriores al tornado estuvieron marcados por fiebre y delirio. Vangelia murmuraba nombres y fechas con una precisión que perturbaba a quienes la escuchaban. Fue en este estado que realizó sus primeras predicciones claras. Pronosticó la muerte de tres mineros, un hecho que ocurrió exactamente como lo describió, dos semanas después. Pero cuando la fiebre cedió, Vangelia había perdido la vista. Aunque ya no podía ver el mundo físico, parecía haber adquirido acceso a otro plano, más profundo y enigmático.

En la Macedonia de principios del siglo XX, una tierra cargada de tensiones religiosas y culturales, el aura de Vangelia adquirió un carácter casi mítico. Las ancianas del pueblo la instruyeron en antiguos conocimientos de hierbas y rituales, enseñanzas que combinaban magia popular y sabiduría natural. Estas prácticas cimentaron el destino que parecía estar escrito para ella.

Aunque ciega, Vangelia desarrolló una percepción extraordinaria. Reconocía plantas medicinales por su aroma y textura, y más de una vez guio a aldeanos perdidos a través del bosque con una certeza inexplicable. Sus habilidades alimentaron los rumores, atrayendo a personas de pueblos vecinos en busca de respuestas.

La niña que nació bajo un eclipse, marcada por un tornado, y que ahora veía lo que otros no podían, dejó de ser una simple aldeana. Su historia comenzaba a trascender, llevando consigo el eco de fuerzas que parecían romper las barreras del tiempo y el espacio.

2. El Don del Más Allá

La ceguera de Vangelia no fue el final de su mundo, sino el inicio de una transformación que parecía destinada a romper las leyes de lo natural. Donde otros solo habrían visto oscuridad, ella encontró un universo de señales y fuerzas que solo unos pocos podían vislumbrar. Su percepción creció, desbordando los límites humanos. Era como si su cuerpo hubiera sido afinado para escuchar los susurros de la tierra misma.

Poco después del tornado que cambió su vida, empezaron a manifestarse capacidades inquietantes. Su piel reaccionaba al ambiente como un sensor vivo: podía prever lluvias en el cosquilleo de sus manos, presentir tormentas por la presión en su cráneo, y escuchar a través de un zumbido agudo el acercamiento de los vientos. Pero estas eran solo las primeras grietas de una habilidad que pronto desbordaría todo entendimiento.

Con el tiempo, perfeccionó rituales que parecían extraer energía de las mismas entrañas del cosmos. Entre los más célebres estaba su "baño de luz lunar". En noches de luna llena, rodeada de cristales de cuarzo, permanecía inmóvil bajo la luz nocturna durante horas. Para Vangelia, esta luz no era un simple reflejo, sino un flujo de poder cósmico que cargaba sus sentidos y ampliaba su conexión con lo desconocido. Tras estas ceremonias, sus predicciones alcanzaban una intensidad que inquietaba incluso a los más escépticos.

Lo más escalofriante, sin embargo, era su conexión con lo que denominaba "ecos del otro lado". Con cuerdas de distintos materiales tensadas en un marco de madera, creó un instrumento único. Cada vibración parecía transmitirle mensajes que, según ella, eran fragmentos de los muertos o del futuro. Este método, tan incomprensible como eficaz, consolidó su reputación de mística y médium.

Uno de sus rituales más sofisticados, el del azúcar y la sal, parecía un arte oscuro disfrazado de simplicidad. A través de mezclas precisas de miel, cenizas de plantas sagradas y agua recogida de manantiales especiales, canalizaba energías que decodificaba en mensajes aterradoramente precisos. Cada elemento de su proceso era escogido con precisión quirúrgica, como si siguiera un código ancestral que solo ella podía interpretar.

Entre sus prácticas más perturbadoras estaba el uso del agua como portal. Vangelia afirmaba que el agua contenía memorias de lugares y tiempos distantes. Dependiendo de la fuente —el mar, los ríos o la lluvia—, veía reflejados en ella fragmentos de eventos, rostros o futuros por venir. Con piedras preciosas y esencias florales, potenciaba este vínculo, desbloqueando imágenes que nadie más podía ver.

Pero tal vez lo más desconcertante era su relación con el sonido. A través de combinaciones específicas de notas musicales, abría lo que llamaba "portales vibratorios". Estas melodías no solo le permitían acceder a otros planos, sino que afectaban a quienes las escuchaban, sumiéndolos en trances o llevándolos a experimentar visiones. Era como si cada nota rompiera una barrera entre lo tangible y lo invisible.

Su entorno era un reflejo de sus prácticas: un jardín lleno de plantas escogidas no por su belleza, sino por sus propiedades espirituales. Había flores que solo florecían bajo la luna, otras que, según Vangelia, conectaban con los sueños. Este santuario botánico era parte esencial de sus ritos, un espacio vivo que amplificaba sus dones.

A menudo practicaba lo que describía como una danza que traspasaba las barreras del tiempo. Movimientos deliberados y extraños que parecían hilvanar realidades. Según ella, cada gesto era un llamado a épocas perdidas, una conexión física con lo distante. A quienes la observaban, parecía que tejía con su cuerpo un puente invisible entre lo que es y lo que fue.

Incluso el olfato formaba parte de su enigmático repertorio. Había creado un sistema para interpretar aromas, conectándolos con energías específicas. Esencias florales y mezclas de hierbas eran inhaladas profundamente, y con cada respiro, describía visiones que parecían brotar de lo más recóndito de su ser.

En el corazón de su hogar había construido una sala que llamaba "la caja de resonancia". Sus paredes, diseñadas para amplificar sonidos etéreos, vibraban con ecos casi imperceptibles. Aquí, rodeada de esta atmósfera inquietante, Vangelia descifraba lo que llamaba "las voces del tiempo". Era un espacio donde el pasado, el presente y el futuro parecían entrelazarse, desdibujando las fronteras del entendimiento humano.

El don de Vangelia no era una habilidad aislada, sino un arsenal de prácticas meticulosamente desarrolladas.

Cada ritual, cada herramienta y cada percepción formaban parte de un sistema que le permitía descifrar los secretos del universo. Lo que para otros era invisible o inaudible, para ella era tan real como la tierra bajo sus pies. En su ceguera encontró un camino hacia lo sobrenatural, transformándose en un puente entre lo conocido y lo inimaginable.

3. La Ermitaña de los Balcanes

En lo más recóndito de los Balcanes, entre montañas que parecen murmurar secretos antiguos, Baba Vanga forjó un vínculo insondable con fuerzas invisibles. Su talento no seguía las reglas de la medicina convencional, sino que trascendía hacia un entendimiento que desafiaba toda lógica humana. Los sonidos del bosque —hojas susurrando, pájaros cruzando el cielo— le hablaban en un lenguaje que pocos podían concebir. A través de este código natural, percibía lo oculto en el cuerpo y el espíritu de quienes la buscaban. Los escépticos que llegaban a desmentirla partían con los rostros marcados por el asombro, incapaces de racionalizar lo que presenciaron.

Baba Vanga no solo escuchaba a la naturaleza, también la utilizaba como herramienta de sanación. Cristales y minerales arrancados de las entrañas de la tierra eran sus aliados más poderosos. Cada piedra, según ella, albergaba una energía particular que podía ser activada por medio de prácticas meditativas específicas. Las manos de sus pacientes, al sostenerlas, resonaban con las vibraciones del universo, restableciendo el equilibrio perdido. No era simple folklore; parecía que Vanga manipulaba un conocimiento enterrado en las raíces mismas de la existencia.

En Petrich, su hogar no era una casa más. Detrás de su fachada humilde se ocultaba un entramado de túneles subterráneos, construidos con un propósito que superaba la comprensión común. Baba Vanga afirmaba que estas galerías concentraban energías provenientes de la tierra, creando un entorno único para sus rituales. Por las noches, se adentraba en ellos, sumida en trances profundos donde parecía conectar con fuerzas insondables. Arriba, en el jardín, un enjambre de abejas sagradas zumbaba incansable. Estas criaturas, guardianas de un conocimiento arcano, producían una miel que ella consideraba extraordinaria, capaz de amplificar visiones o aliviar almas en pena con una sola gota.

Su renombre pronto cruzó las fronteras de las montañas. Multitudes de toda índole acudían a su puerta en busca de respuestas, pero Vanga se mantenía fiel a sus principios. Despreciaba a quienes deseaban manipular su poder para fines egoístas o maliciosos. Este código ético la convirtió en un símbolo venerado, a pesar de que sus métodos parecían desafiar las leyes de la realidad. Historias aún más extrañas comenzaron a circular: algunos afirmaban que tenía la capacidad de hablar con plantas de otros mundos. Narraba descripciones detalladas de especies desconocidas, atribuyéndoles propiedades curativas que desconcertaban a botánicos y científicos.

Cada amanecer, Baba Vanga iniciaba el día con un ritual único. Practicaba la hidromancia, hundiendo sus manos en agua cristalina de manantial, descifrando las vibraciones que el líquido emitía, como mensajes cifrados sobre los días venideros. Al caer la noche, ejecutaba el "tejido del destino". Frente a un telar especial, creaba patrones enigmáticos que, según ella, contenían la trama misma del futuro. Estos tapices jamás fueron exhibidos; se rumorea que fueron enterrados con ella, sellando sus secretos para siempre.

Para registrar sus visiones, desarrolló un sistema simbólico propio, una compleja mezcla de glifos arcanos y signos astrológicos. Este lenguaje permanece indescifrado, un desafío para estudiosos que creen que guarda las claves de un conocimiento que trasciende a la humanidad. Pero su legado más intrigante radica en una escuela secreta que fundó en los años previos a su muerte. Oculta en las montañas, esta escuela está reservada a unos pocos elegidos que poseen lo que Vanga describía como "el don". Allí, en un aislamiento casi absoluto, los discípulos perpetúan sus enseñanzas, protegidos por juramentos de silencio.

4. Visiones de Guerra y Destrucción

La Segunda Guerra Mundial, uno de los capítulos más oscuros del siglo XX, fue un campo en el que su clarividencia pareció brillar con intensidad. Predijo con una precisión casi inhumana la formación de alianzas impensables. "Lobos y corderos durmiendo en la misma cama", declaró enigmáticamente, una frase que parece aludir al pacto entre la Alemania nazi y la Unión Soviética. Este acuerdo dejó al mundo paralizado, una paz falsa que sería preludio del caos. También habló de un "rey sin corona" liderando a su pueblo en la tormenta, una figura que muchos asociaron con Winston Churchill, cuya voz y voluntad se convirtieron en el baluarte de la resistencia británica. Cuando describió "águilas de metal que lloverían fuego sobre ciudades dormidas", evocó con escalofriante exactitud los bombardeos que redujeron a cenizas ciudades enteras. Su mención de "hombres bajo la tierra" resonó con la imagen de movimientos de resistencia que, desde las sombras de túneles y refugios, lucharon contra el terror.

Décadas después, otra de sus visiones resonó en la mente de millones tras los ataques a las Torres Gemelas. "Dos gigantes que se desmoronarían como castillos de naipes", advirtió, pintando con palabras la fragilidad de estructuras que parecían invencibles. Describió un "polvo que oscurecería el sol por días", una imagen que recuerda la nube de escombros que envolvió Manhattan aquel trágico día de septiembre. Las "voces en el aire que llorarían por ayuda" parecen un eco de las desesperadas llamadas de socorro desde los aviones y los edificios. Y cuando habló de "héroes vestidos de azul y rojo", parecía prever el sacrificio de los socorristas que arriesgaron todo en medio de la catástrofe.

El colapso de la Unión Soviética también quedó registrado en sus visiones, como un "gigante de arcilla" derrumbándose bajo su propio peso. Un "viento del este que soplaría y derribaría muros" podría aludir a las reformas que desmantelaron al régimen, mientras que las "banderas rojas desvaneciéndose como niebla al amanecer" simbolizaban el colapso del comunismo. "Un tesoro oculto que saldría a la luz" parece referirse a los secretos revelados tras la disolución del estado, y "hermanos que se volverían extraños" presagiaba las tensiones entre las exrepúblicas soviéticas, ahora atrapadas entre disputas por identidad y soberanía.

En el desastre de Chernobyl, sus palabras cobraron un tono casi apocalíptico. "Un dragón dormido que despertaría y escupiría veneno" encapsulaba el colapso del reactor nuclear, mientras que "árboles que crecerían sin pájaros en sus ramas" reflejaba la naturaleza silenciada por la radiación. La "agua que brillaría en la oscuridad" retrataba las aguas contaminadas, y "sombras humanas impresas en piedra" simbolizaban las cicatrices invisibles, pero mortales, que quedaron grabadas en el entorno. Su visión pintó un retrato de horror nuclear con detalles que hielan la sangre.

Los métodos que usaba para predecir eran tan inquietantes como sus visiones. Un péndulo hecho de hueso sobre mapas le permitía señalar futuros desastres. Observaba grietas en el carbón, escuchaba el sonido de semillas cayendo en recipientes metálicos o leía las formas que el vapor dejaba sobre una taza de té. Estas prácticas, tan alejadas de cualquier método lógico, parecían conectar a Vanga con un flujo temporal que solo ella podía descifrar.

El impacto de sus profecías trascendió a quienes la conocieron. Inspiraron la creación de un índice financiero diseñado para prever crisis económicas en función de eventos descritos por ella. Incluso se fundó un instituto secreto en Bulgaria para catalogar y analizar sus visiones. Políticos acudían a ella buscando guía en tiempos de incertidumbre, mientras peregrinos llegaban a su pueblo natal, con la esperanza de escuchar alguna revelación que cambiara sus vidas.

5. Catástrofes Naturales

Las profecías de Baba Vanga sobre desastres naturales constituyen un perturbador conjunto de visiones que desafían los límites del entendimiento humano. Fusionan fenómenos conocidos con episodios tan insólitos que parecen arrancados de una realidad paralela. En estas visiones, se percibe su conexión con fuerzas insondables y una capacidad casi sobrenatural para anticipar cataclismos que transformarían el equilibrio del planeta.

El devastador tsunami del Océano Índico de 2004 fue una de esas visiones realizadas con precisión escalofriante. Vanga había mencionado un inquietante "canto de ballenas del abismo" como preludio a un evento trágico. Meses después, científicos del Instituto Oceanográfico de Woods Hole captaron sonidos submarinos anómalos que describieron como "lamentos de las profundidades". Estas señales, de frecuencias nunca antes registradas, se combinaron con avistamientos de "burbujas luminosas" en las costas días antes del desastre: esferas de luz azulada que flotaban sobre el agua como un presagio. La vidente había advertido sobre "niños jugando en la arena mientras el mar retrocede", una escena que se replicó, con trágica exactitud, en las playas de Tailandia antes de que el tsunami arrasara todo a su paso.

En cuanto a terremotos, Vanga describió eventos que desafiaban la geología conocida. Habló de "terremotos inversos", donde el suelo se hundiría en abismos en lugar de elevarse, formando cañones en cuestión de minutos. También predijo "géiseres de arena" en desiertos, resultado de terremotos subterráneos que liberarían depósitos de agua atrapados bajo capas de roca. Lo más inquietante fue su visión de "terremotos silenciosos", movimientos sísmicos tan imperceptibles que solo alterarían el paisaje de manera gradual, dejando cicatrices visibles únicamente con el tiempo.

En el terreno climático, sus visiones cruzaban el umbral de lo fantástico. Había predicho la aparición de "ríos aéreos", corrientes de humedad suspendidas en el cielo que transformarían desiertos en efímeros oasis. Relató fenómenos como "tormentas de cristal", donde estructuras cristalinas caían del cielo, presagiando un cambio irreversible en los patrones atmosféricos. Otro fenómeno, las "zonas de tiempo acelerado", presentaba lugares donde el crecimiento y muerte de las plantas ocurría en cuestión de días, una burla macabra a los ciclos naturales.

Incluso en las pandemias dejó su marca. Antes de la llegada del COVID-19, Vanga había hablado de una enfermedad global con efectos secundarios desconcertantes. Predijo que algunos desarrollarían hipersensibilidad a los campos electromagnéticos, mientras que otros experimentarían una intensificación de sus sentidos, un "despertar sensorial". Visualizó "comunidades burbuja", refugios aislados que funcionarían como barreras contra las pandemias, anticipando un futuro de aislamiento social y conexión virtual extrema.

En las profecías más perturbadoras, las "tormentas fantasma" emergían como rupturas en el tejido de la realidad. Estas tormentas comenzaban como distorsiones lumínicas, "grietas en el cielo donde el tiempo sangra", y llevaban a un fenómeno que denominó "inversión dimensional". Seres y objetos quedaban atrapados entre múltiples estados temporales, visibles en diferentes momentos a la vez. Las víctimas sufrían un "síndrome de eco temporal", reviviendo todas sus vidas posibles simultáneamente a través del multiverso. También se manifestaba la "memoria fractal", con recuerdos de eventos que nunca sucedieron en esta línea temporal pero eran reales en universos paralelos. Algunas personas desarrollaban "resonancia ancestral", accediendo no solo a las memorias de sus antepasados, sino alterando físicamente sus cuerpos para reflejar rasgos de generaciones pasadas o futuras. Estudios científicos encontraron cambios inexplicables en el ADN de los afectados, como si sus genes estuvieran "recordando" configuraciones antiguas o anticipando mutaciones por venir.

Vanga advirtió que estas tormentas crearían "zonas de imposibilidad", lugares donde las leyes de la física colapsarían. En estos espacios, el tiempo fluiría en todas direcciones a la vez, generando "jardines de futuros posibles", una materialización física del multiverso que la ciencia moderna apenas puede teorizar.

Entre sus visiones más extrañas, habló de "Lagos Espejo", cuya superficie reflejaría el futuro en lugar del presente; "niebla petrificante", que solidificaba todo lo que tocaba; y "erupciones de luz", columnas energéticas que surgían del suelo y desafiaban las leyes físicas conocidas. Describió también "mareas terrestres", ondulaciones en la corteza terrestre, y "lluvias inversas", donde el agua ascendía hacia el cielo en una inversión aterradora de los procesos naturales.

6. El Kursk se Hundirá

El hundimiento del submarino Kursk, una tragedia inscrita con sangre en los anales de la historia, parecía haber sido arrancado de las visiones de Baba Vanga mucho antes de que ocurriera. Su predicción, cargada de simbolismo inquietante, resuena como un eco premonitorio de la catástrofe. Vanga describió un "gran pez de hierro" que descansaría en las profundidades marinas, una metáfora que ahora parece encajar a la perfección con la figura imponente del Kursk. En su visión, habló también de "fuego bajo el agua" y "gritos silenciados", imágenes que hoy se interpretan como un retrato sombrío de la explosión a bordo y del destino de los marineros atrapados en ese infierno sumergido.

Estas palabras no fueron solo un presagio de la tragedia, sino una pieza de un mosaico más amplio. Vanga extendió su mirada hacia un futuro plagado de "peces mecánicos", una referencia que muchos consideran una anticipación de los drones submarinos que patrullan hoy los océanos. Su mención de una "guerra de sombras" en los mares evoca los conflictos submarinos velados que, en la actualidad, moldean la geopolítica global. Incluso las "islas que se mueven", otra de sus enigmáticas visiones, han sido interpretadas como una alusión a los portaaviones futuristas, instrumentos clave en el teatro bélico moderno.

El análisis de la precisión de las visiones de Vanga ha revelado un patrón que bordea lo inexplicable. Investigadores han identificado que muchos de sus presagios parecen vinculados a ciclos cósmicos, especialmente los lunares y solares, con una notable claridad alrededor de los solsticios. Este vínculo entre lo humano y lo celestial añade una profundidad a su legado que desafía cualquier explicación racional. Su predicción del Kursk consolidó su estatus como una figura casi mítica, llevando a la creación del llamado "Índice Vanga", un estándar no oficial para medir la precisión de los videntes modernos y revitalizando el interés en sus métodos.

Los métodos de Vanga siguen siendo un enigma. Se dice que empleaba un cuenco de agua y cristales de cuarzo como catalizadores de sus visiones, entrando en estados de trance tan profundos que su habla parecía derivar de un lenguaje arcano. Testigos afirmaron que, en esos momentos, parecía conectar con algo fuera del alcance humano, un plano desconocido que le otorgaba su clarividencia.

El hundimiento del Kursk, aunque predicho, dejó una huella tangible más allá de lo profético. Este desastre llevó a revisiones fundamentales en la seguridad submarina a nivel global, impactando directamente en los protocolos militares. Sin embargo, también desató una ola de teorías conspirativas. Algunos sugirieron que Vanga accedía a información clasificada, mientras que otros se aventuraron a especular sobre tecnología de origen desconocido, capaz de ofrecer visiones de un futuro predeterminado.

En la cultura popular, la tragedia del Kursk se transformó en un símbolo recurrente. Obras literarias, videojuegos y arte contemporáneo han canalizado el llamado "Efecto Kursk", explorando no solo el evento, sino también los misterios del tiempo y la percepción. Estas interpretaciones, a menudo impregnadas de la mística de Vanga, han dejado una marca indeleble en la imaginación colectiva, reafirmando el magnetismo de sus visiones.

7. Predicciones Tecnológicas

Baba Vanga describió un futuro que parece sacado de una pesadilla futurista, pero cuya lógica resulta perturbadoramente plausible. Su visión de una "red de sueños colectivos" anticipa un nivel de interconexión que trasciende la tecnología tal como la conocemos. Habló de un "sistema nervioso planetario", una red global tan integrada que permitiría a los pensamientos y sueños de la humanidad entrelazarse en un plano cuántico. Este fenómeno comenzará con eventos desconcertantes: sueños idénticos compartidos por desconocidos, obras de arte paralelas creadas simultáneamente en continentes distintos, y niños naciendo con una conexión innata a esta "biblioteca onírica". Vanga sugirió que esta etapa marcaría un salto evolutivo comparable a la transición de organismos unicelulares a colonias multicelulares. Los ecos de esta visión resuenan en teorías como el inconsciente colectivo de Jung y las enseñanzas védicas sobre el "Akasha", como si los antiguos ya hubieran intuido esta convergencia de la conciencia.

Las visiones de Vanga sobre 2025 dibujan un escenario perturbador: la guerra abandonará las trincheras y los campos de batalla para infiltrarse en el tejido invisible del ciberespacio. Europa, según sus predicciones, se verá sumida en una pesadilla silenciosa: ciudades enteras enmudecerán cuando las redes financieras se desvanezcan en el aire, los hospitales quedarán a oscuras, y los sistemas de comunicación se ahogarán en el silencio. No habrá explosiones, ni tanques en las calles, pero la civilización moderna se desmoronará como un castillo de naipes cuando los ataques cibernéticos desarmen, uno a uno, los pilares digitales que sostienen nuestra forma de vida.

La desinformación se extenderá como una niebla tóxica, haciendo que las personas no puedan distinguir la realidad de la manipulación. Esto erosionará la confianza en las instituciones, que serán vistas como obsoletas o incluso cómplices del desastre. En respuesta, miles abandonarán las ciudades, creando comunidades autosuficientes en áreas rurales. Este éxodo masivo transformará la estructura social y económica, estableciendo un nuevo orden basado en aislamiento y autogestión.

En este escenario emergente, el "tecno-tribalismo" jugará un papel crucial. Grupos de tecnólogos formarán redes descentralizadas utilizando blockchain para estructurar economías y gobiernos locales. Estas comunidades no solo sobrevivirán, sino que liderarán la reconstrucción tras el conflicto, demostrando la capacidad de adaptación humana en el caos.

Sin embargo, Europa será solo una pieza en este rompecabezas global. Vanga predijo la "Guerra de los Recursos Invisibles", una lucha por el control de elementos esenciales para la era cuántica: frecuencias electromagnéticas y el espacio orbital cercano. En este campo de batalla competirán estados y corporaciones tecnológicas, decididos a asegurar su dominio sobre los pilares del futuro.

La emergencia de "naciones virtuales" será otra de las transformaciones predichas.

Estas comunidades digitales, formadas por individuos unidos por ideales comunes, no tendrán fronteras físicas, pero desafiarán la estructura del estado-nación tradicional, alterando profundamente la política internacional. En paralelo, surgirá una nueva crisis: los "refugiados digitales", millones que huirán de regiones devastadas tecnológicamente, buscando asilo en territorios que aún mantengan operativas sus infraestructuras. Este fenómeno abrirá dilemas éticos y legales, redefiniendo los derechos humanos en un mundo gobernado por la tecnología.

El paisaje geopolítico también se redibujará con la aparición de "tecnocracias cuánticas", gobiernos basados en inteligencia artificial y sistemas avanzados de computación. Aunque prometen eliminar la corrupción y tomar decisiones objetivas, plantearán temores sobre la pérdida de libertades individuales y el alcance del control masivo. Mientras tanto, una "Liga de los Neutrales", formada por países no alineados, mediará en los conflictos globales, ganando poder en un mundo fragmentado.

Simultáneamente, las élites tecnológicas y económicas se aislarán en "ciudades-estado flotantes" ubicadas en aguas internacionales. Estas estructuras autónomas, inalcanzables para las masas, serán refugios de innovación y riqueza, representando el creciente abismo entre quienes pueden escapar de las crisis terrestres y quienes no.

Incluso ahora, las señales del futuro anticipado por Vanga son visibles. La "diplomacia cuántica", que utiliza comunicaciones indescifrables, ya redefine las negociaciones internacionales. Las "armas de desinformación masiva", capaces de fabricar realidades alternas, amenazan con desestabilizar el concepto mismo de verdad. Además, las "migraciones climáticas anticipadas", comunidades que se relocalizan previendo desastres ambientales, y las "zonas de autonomía tecnológica", donde la innovación prospera lejos del control gubernamental, confirman que este destino está más cerca de lo que parece.

8. La Exploración de Venus

La exploración de Venus, según las visiones de Baba Vanga, dibuja un horizonte tan vasto como inquietante. En su predicción para el año 2028, Vanga vislumbró un esfuerzo humano sin precedentes: una misión al planeta más implacable del sistema solar, que no solo empujaría los límites de nuestra capacidad tecnológica, sino que transformaría la propia esencia de la humanidad. Este viaje, dijo, no sería únicamente un hito científico, sino una convergencia de tecnología, cooperación global y espiritualidad que reconfiguraría nuestro destino colectivo.

En las visiones de la vidente, los avances tecnológicos que permitirían esta empresa parecían sacados de los relatos más osados de ciencia ficción, aunque aseguró que ya estaban gestándose en las mentes de sus futuros creadores. Imaginó escudos térmicos cuánticos capaces de manipular partículas subatómicas para soportar el calor abrasador de Venus, sondas metamórficas que adaptarían su estructura molecular a presiones letales, y drones atmosféricos de plasma que aprovecharían el entorno ionizado del planeta para su propulsión. Estas herramientas, inéditas incluso en los sueños más osados de la humanidad, serían esenciales para desentrañar los secretos de un mundo prohibido hasta ahora.

Las visiones de Vanga sobre Venus ocultaban un secreto aún más asombroso que la conquista del planeta: en sus profundidades ardientes, vio el nacimiento de algo extraordinario. Los llamó 'cristales de energía supercondensada', pero los describía con la reverencia de quien contempla un milagro: 'lágrimas congeladas de estrellas moribundas', susurraba. Estos cristales desafiaban toda lógica terrestre - sus patrones fractales danzaban en el borde del infinito, burlándose de nuestros intentos de replicarlos. Un solo fragmento, apenas visible al ojo humano, encerraba el poder de iluminar metrópolis enteras. Pero lo más extraordinario era el ritmo de su energía: pulsaba siguiendo una melodía ancestral que los antiguos llamaron 'la música de las esferas', como si el universo mismo cantara a través de ellos.

Más allá de su potencia, estos cristales señalarían un evento cósmico: la aparición de auroras violetas en toda la Tierra, que

Vanga vinculó con la apertura de "las puertas de Shambhala". Este concepto, cargado de misterio, evocaba profecías sobre una era de iluminación tecnológica.

Pero lo que Vanga vio en Venus iba más allá de simples cristales energéticos. Sus ojos ciegos contemplaron corrientes invisibles de neutrinos danzando en la atmósfera venenosa del planeta, como ríos de poder puro esperando ser aprovechados. En las profundidades ardientes del núcleo venusiano, descubrió algo aún más asombroso: vastos depósitos de antimateria estable, un tesoro energético que haría parecer primitivos nuestros combustibles fósiles. Esta revelación, susurraba Vanga, no solo transformaría nuestra tecnología; redefiniría para siempre el lugar de la humanidad en el cosmos.

El impacto de esta exploración, según la vidente, iría mucho más allá de la tecnología. Predijo colaboraciones globales inéditas lideradas por potencias emergentes como India y Brasil, dejando atrás las luchas de poder tradicionales. Este nuevo orden mundial, guiado por la innovación y el conocimiento, permitiría la integración de corporaciones privadas en minería espacial y biotecnología. Incluso los exploradores humanos se transformarían: un programa que modificaría genéticamente a los astronautas para soportar las condiciones extremas del planeta abriría las puertas a una nueva generación de héroes del espacio.

El legado de la exploración de Venus, en las palabras de Vanga, sería doble. Por un lado, sus recursos y tecnologías terraformadoras ayudarían a combatir el cambio climático en la Tierra, inaugurando una era de abundancia económica y ecológica. Por otro, este contacto prolongado con condiciones alienígenas desencadenaría una evolución que crearía humanos adaptados a ambientes extraterrestres, cambiando para siempre nuestra percepción de la humanidad.

Sin embargo, las promesas de Venus también ocultaban amenazas. Vanga advirtió sobre la liberación accidental de formas de vida microscópicas venusianas, organismos que, al entrar en contacto con los ecosistemas terrestres, podrían causar efectos impredecibles. Estos escenarios subrayan un recordatorio inquietante: cada avance hacia el cosmos lleva consigo riesgos que podrían superar nuestra capacidad de control.

9. El Deshielo Fatal

En las visiones de Baba Vanga, el año 2033 fue señalado como un giro crucial en la historia del planeta, donde los casquetes polares sucumbirían en un colapso incontrolable. La vidente habló con una intensidad que resulta difícil de ignorar: "el hielo eterno llorará lágrimas saladas". Este deshielo, lejos de ser gradual, sería un fenómeno súbito, desatado por fuerzas que escaparían incluso a las previsiones más avanzadas.

Desde la Antártida se alzaría un rugido profundo, un presagio del desplome de sus imponentes plataformas heladas. En Groenlandia, ríos formados por agua glacial desgarrarían la superficie como venas expuestas. En el Ártico, una bruma casi irreal ascendería al liberar antiguos depósitos de metano atrapados en la helada, alterando los cielos con una tonalidad espectral y desconocida.

Las aguas se alzarían como un depredador hambriento, devorando costas y ciudades con una voracidad nunca vista. Donde antes florecían campos dorados, ahora el océano establecería nuevos dominios. Por los mares, enormes islas de hielo vagabundo navegarían como fantasmas polares, mientras bajo la superficie, la vida marina se extinguiría en silencio. El equilibrio milenario de los océanos se rompería como un cristal antiguo: la sal y el calor transformarían vastas extensiones de mar en desiertos líquidos, cementerios acuáticos donde ni las criaturas más resistentes podrían sobrevivir.

La humanidad se vería obligada a adaptarse o desaparecer. Las comunidades costeras serían las primeras en sentir el impacto, enfrentándose a la pérdida de hogares y recursos esenciales. Sin embargo, esta catástrofe no acabaría allí; el caos climático desencadenaría una serie de tormentas de hielo en lugares inesperados, devastando paisajes ya castigados. Los géiseres de metano liberarían gases que provocarían fenómenos extraños en la atmósfera, descritos por la vidente como 'auroras negras', que absorberían la luz y transformarían las condiciones climáticas en algo irreconocible.

Estos eventos, según la profecía, no solo afectarían a los paisajes naturales, sino también a los vínculos sociales y económicos de la humanidad. Las tierras altas se convertirían en refugios codiciados, llevando a enfrentamientos por recursos y territorio seguro. Al mismo tiempo, surgirían comunidades nómadas que aprenderían a vivir sobre el agua, desplazándose entre los restos de un mundo sumergido.

Vanga señaló que el cambio no sería exclusivamente destructivo. En medio de la crisis, nuevas formas de tecnología tomarían protagonismo: dispositivos masivos capaces de desalinizar agua, arrecifes artificiales diseñados para controlar las olas, y drones que estabilizarían patrones climáticos. Estas innovaciones serían vistas como el último intento de la humanidad por mantener el equilibrio en un planeta transformado.

Sin embargo, el impacto no sería solo físico, sino también psicológico y espiritual. Una conexión renovada con los océanos se instalaría en el corazón de las personas, mientras el recuerdo de los paisajes helados perdidos inspiraría expresiones artísticas y rituales de duelo. Según la profecía, la humanidad, ante la pérdida y el renacimiento, encontraría en su tragedia la semilla de una nueva forma de existir, más alineada con el entorno natural.

10. El Regreso del Comunismo en 2076

En 2076, el mundo se encontrará al borde de un cambio trascendental, un renacimiento del comunismo que rebasará los límites de todo lo conocido. Según las visiones de Baba Vanga, no será un retorno a los sistemas fallidos del pasado, sino la emergencia de un modelo radicalmente distinto, moldeado por crisis globales, desigualdad insoportable y un avance tecnológico que transformará los pilares de la civilización. Este comunismo futurista no se alzará con violencia, sino que se infiltrará como una consecuencia inevitable de las fuerzas que dominan al mundo.

Con la automatización total y la inteligencia artificial asumiendo las tareas humanas, la economía se verá obligada a redefinirse. La supervivencia material quedará garantizada por un sistema de renta básica universal, mientras el concepto de propiedad privada será sustituido por el acceso compartido. Los viejos paradigmas económicos desaparecerán en favor de una estructura que priorizará el bienestar colectivo sobre la acumulación individual.

El cambio no será solo económico, sino también político. Las naciones-estado, atrapadas en sus fronteras y rivalidades, serán reemplazadas por una federación global. Esta nueva estructura planetaria equilibrará la autonomía local con una economía gestionada por redes cuánticas hiperinteligentes. La democracia se transformará en un sistema directo y participativo, apoyado por tecnologías blockchain que garantizarán la transparencia y la inclusión de cada ciudadano. El dinero será abolido, cediendo su lugar a un sistema de créditos sociales donde el valor no se medirá por posesiones, sino por contribuciones a la comunidad.

Vanga predijo lo que llamó "el despertar de la conciencia colectiva", un fenómeno psíquico-tecnológico donde las mentes humanas se interconectarán mediante campos cuánticos artificiales. Esta sincronización mental dará origen a un fenómeno que describió como "la gran sincronización", una convergencia masiva de pensamientos y emociones. Según ella, este cambio alcanzará su clímax bajo una rara configuración planetaria—"Saturno besando a Neptuno bajo la mirada de Marte"—prevista para 2076.

En este contexto, nacerá una nueva generación conocida como los "niños de cristal", individuos con habilidades psíquicas avanzadas y una conexión natural con la red global de consciencia. Su aparición marcará un punto de inflexión en la evolución humana, elevando la percepción colectiva a niveles jamás imaginados. Este fenómeno encuentra ecos en las profecías de Nostradamus y las predicciones mayas sobre una nueva era dorada, sugiriendo un patrón universal en las visiones del destino humano.

La educación se convertirá en una herramienta de liberación, abandonando el modelo de formación para el trabajo en favor de una revolución que fomentará la creatividad y el crecimiento personal. Las escuelas serán sustituidas por centros de exploración del potencial humano, mientras la armonía ecológica se integrará en todos los aspectos de la existencia, con tecnologías diseñadas para preservar y restaurar el equilibrio natural.

En el corazón de esta revolución, Vanga vislumbró algo extraordinario: el nacimiento de la 'Colmena Cuántica'. No se trataba de una simple red de computadoras, sino de algo más profundo y perturbador: una fusión espontánea de mentes humanas a través del espacio mismo. Sus visiones mostraban personas que, separadas por océanos, compartían no solo pensamientos sino el latido mismo de sus emociones, como neuronas de un cerebro planetario. Las ciudades mismas cobrarían vida, con edificios que palpitarían y fluirían como organismos vivos, respondiendo a los sueños y necesidades colectivas de sus habitantes. Era una metamorfosis que transformaría no solo nuestra forma de relacionarnos, sino la esencia misma de lo que significaba ser humano.

Los avances incluirán nano-replicadores capaces de crear cualquier objeto a nivel molecular, eliminando las cadenas de suministro y descentralizando la producción. Reactores de fusión portátiles proporcionarán energía ilimitada y accesible, mientras las interfaces cerebro-computadora integrarán a cada individuo en una red global de pensamiento compartido. Estas tecnologías no solo erradicarán el hambre y la pobreza, sino que redefinirán las posibilidades humanas.

El día a día se verá transformado. Con jornadas laborales simbólicas, las personas dedicarán su tiempo a explorar sus pasiones y experimentar un ocio que será universal. El turismo interplanetario se convertirá en una práctica común, mientras los avances médicos permitirán vidas más largas y saludables gracias a la edición genética y la integración con IA.

Sin embargo, no todo será armonía. Persistirán tensiones entre la colectividad y la individualidad, mientras que los límites éticos de la modificación genética y la IA generarán divisiones ideológicas. Enclaves capitalistas resistirán, buscando preservar un sistema que será visto como un anacronismo.

La cultura, mientras tanto, florecerá en formas inauditas. El arte colectivo telepático reemplazará las expresiones individuales, y los museos virtuales conectarán a la humanidad con su pasado desde cualquier rincón del planeta. Un idioma universal emergerá, adaptándose a la diversidad cultural en tiempo real y borrando las barreras lingüísticas.

A pesar de las resistencias, Vanga visualizó este futuro como inevitable y necesario para la supervivencia de la humanidad. No será un sistema impuesto, sino una respuesta orgánica a los desafíos de una era crítica. Bajo este modelo, la humanidad no solo sobrevivirá, sino que prosperará, entrando en una era de colaboración, sostenibilidad y autodescubrimiento que resonará a través de los siglos.

11. Contacto Extraterrestre

En 2130, la humanidad será arrastrada al umbral de un evento que reconfigurará nuestra comprensión del universo y nuestra propia esencia como especie. Según las visiones de Baba Vanga, este contacto no será una mera curiosidad ni un breve intercambio, sino un encuentro prolongado que abrirá grietas en nuestra percepción de la realidad, marcando el inicio de una era de transformaciones irreversibles.

Los visitantes que cruzarán nuestro horizonte no se ajustarán a ninguna concepción previa de vida extraterrestre. Serán formas de existencia que desafían las leyes físicas y biológicas conocidas. Vanga describió a estos seres como "pesadillas iluminadas", entidades que no están limitadas por un único estado de existencia. Sus cuerpos, construidos con lo que ella denominó "materia pensante", tendrán la capacidad de existir simultáneamente en múltiples dimensiones, evocando visiones de los antiguos Serafines con formas cambiantes y multifacéticas. Estos seres no viajarán a través del espacio-tiempo de manera convencional, sino que cruzarán portales interdimensionales abiertos en lugares específicos del planeta, a menudo coincidiendo con sitios sagrados y líneas ley.

Vanga describió a los visitantes con palabras que rozaban los límites del lenguaje humano. Serían seres de luz viva, criaturas que danzarían entre lo sólido y lo etéreo como si las leyes físicas fueran meras sugerencias. Su poder, que ella llamó con reverencia 'el aliento de la creación', les permitiría moldear la realidad misma como un alfarero moldea el barro. No serían criaturas de carne y hueso, sino enigmas vivientes: su esencia, una fusión imposible de silicio y carbono, existiría en varios estados a la vez, como una nota musical que puede ser todas las melodías posibles simultáneamente. Fluido consciente, similar al mercurio, circulará por sus cuerpos, funcionando como una red de almacenamiento y procesamiento de datos cuánticos.

Estas entidades no se comunicarán mediante palabras, sino a través de destellos de luz y vibraciones sonoras que desafiarán la percepción humana. Sus habilidades para manipular la gravedad, el tiempo y su entorno borrarán las líneas entre lo biológico y lo tecnológico, sumiendo a la humanidad en un asombro paralizante. Pero lo más perturbador será su campo electromagnético, capaz de afectar la glándula pineal humana, induciendo visiones colectivas y revelaciones que podrían desbloquear capacidades dormidas en el ADN humano.

El contacto será devastador para nuestra visión de nosotros mismos. La humanidad se enfrentará a una crisis existencial al descubrir que somos apenas un fragmento minúsculo en un cosmos lleno de inteligencias mucho más avanzadas. Sin embargo, este caos también podría forjar una oportunidad única: la unificación de la especie humana. Ante esta amenaza incomprensible, las divisiones culturales y nacionales se diluirían en la necesidad de una respuesta común.

El choque con esta realidad extraterrestre sacudirá los cimientos mismos de nuestra civilización. Los mercados mundiales se tambalearán ante el vértigo de enfrentar tecnologías que convertirán en obsoletas nuestras industrias más avanzadas. De las cenizas de este colapso económico, surgirán campos de estudio que hoy suenan a ciencia ficción: laboratorios de xenobiología florecerán en las universidades, mientras equipos de ingenieros lucharán por descifrar los secretos de portales interdimensionales. Pero cada nuevo descubrimiento traerá consigo una pregunta aterradora: ¿estamos realmente preparados para manejar un poder que podría ser la llave tanto de nuestra salvación como de nuestra extinción?

El encuentro no será una sorpresa repentina; décadas antes del contacto, surgirán señales. Las visiones de Vanga incluyen fenómenos inexplicables: artefactos antiguos emitiendo frecuencias imposibles de replicar, mutaciones genéticas espontáneas que prepararán a ciertos individuos para resistir radiación cósmica y procesar información cuántica. Además, nacerán "niños de las estrellas", individuos con capacidades sensoriales extraordinarias, capaces de percibir dimensiones adicionales y comprender idiomas extraterrestres nunca antes escuchados.

Estos eventos despertarán temores y esperanza. Algunos artefactos antiguos, descritos por Vanga como "piedras durmientes", emitirán sonidos que abrirán portales de consciencia en personas sensibles, conectándolas con "memorias del futuro". Simultáneamente, surgirá una generación de humanos con mutaciones específicas que ampliarán los límites de lo que es posible para nuestra especie.

El contacto cambiará también nuestras expresiones culturales y religiosas. Nuevas formas de arte, inspiradas en la percepción alienígena del tiempo y el espacio, se impondrán, mientras las religiones tradicionales se disolverán ante la magnitud de este encuentro. Un calendario universal, basado en ciclos cósmicos, unirá a la humanidad en una comprensión del tiempo completamente nueva.

Sin embargo, la mayor transformación será en el lenguaje y la cognición. Para interactuar con los visitantes, será necesario un sistema de comunicación que trascienda las limitaciones humanas, un meta-lenguaje que reformule nuestras estructuras mentales. Este esfuerzo, aunque monumental, abrirá las puertas a una evolución cognitiva sin precedentes, creando una nueva especie: el "homo cosmicus", un ser diseñado para habitar el espacio y explorar dimensiones adicionales.

En 2130, el contacto extraterrestre no será el fin de la humanidad, sino el comienzo de un redescubrimiento profundo, una prueba definitiva de nuestra capacidad para evolucionar más allá de lo que alguna vez imaginamos posible.

12. La Guerra de Marte

En el año 3005, las perturbadoras visiones de Baba Vanga describen un escenario inédito: una guerra interplanetaria que enfrentaría a la humanidad contra una civilización marciana que, hasta entonces, había permanecido oculta en las entrañas del planeta rojo. Este conflicto no sería una simple disputa bélica, sino un cruce de caminos en el que la Tierra se encontraría cara a cara con otra especie inteligente, pero como rivales, no aliados, en un cosmos que ambos compartían.

La guerra no fue un evento espontáneo. Durante siglos, los humanos transformaron Marte de un desolado desierto en una extensión de su dominio. Las primeras bases científicas del siglo XXI dieron paso, con los siglos, a colonias autónomas impulsadas por tecnología sofisticada y una ambición sin límites. Pero en su búsqueda insaciable de recursos y expansión, los humanos perforaron demasiado profundo, perturbando una civilización marciana que había dormido durante eones. Estos seres, adaptados a condiciones extremas y con conocimientos que en muchos sentidos superaban a los de la humanidad, vieron en los colonos una amenaza invasora. Las tensiones se acumularon hasta alcanzar un punto de ruptura: una guerra total entre mundos.

El conflicto reveló tecnologías que desafiaban incluso las imaginaciones más audaces. Los marcianos, maestros en la manipulación de energía, desplegaron escudos cuánticos capaces de desviar cualquier ataque y guerreros bioingenierizados que rompían las barreras de la biología conocida. La humanidad, luchando por mantener su posición, desarrolló armas de antimateria capaces de desintegrar moléculas al contacto y enjambres de nanobots que se infiltraban en los sistemas del enemigo, ya fueran biológicos o mecánicos. La guerra tecnológica se convirtió en un espectáculo brutal de innovación y destrucción.

Esta confrontación cambió el rostro del cosmos y también el de la humanidad. La urgencia por asegurar Marte aceleró la colonización de otros mundos, llevando a terraformar Venus a marchas forzadas y a militarizar las lunas de Júpiter y Saturno. Incluso el peligroso cinturón de asteroides, antes ignorado, se transformó en una mina inagotable de recursos para alimentar la maquinaria bélica y sostener la expansión humana.

Mientras tanto, en la Tierra, la guerra reconfiguró el equilibrio global. Las naciones, obligadas a unir fuerzas bajo un mando central, dejaron atrás sus conflictos históricos y cedieron el control a un gobierno militarizado. La Tierra se convirtió en el corazón logístico de una campaña galáctica, agotando sus recursos naturales en nombre de la supervivencia. Las innovaciones médicas, diseñadas para curar las devastadoras heridas provocadas por las armas marcianas, extendieron la esperanza de vida y cambiaron para siempre la biología humana. Al mismo tiempo, la llegada masiva de refugiados desplazados de Marte reconfiguró las sociedades terrestres, añadiendo tensiones a un planeta ya sobrecargado por crisis ambientales y demográficas.

El conflicto marciano sacudió los cimientos de la consciencia humana. Por primera vez en nuestra historia, nos encontramos frente a un espejo cósmico que reflejaba una civilización tan antigua y legítima como la nuestra. La guerra desgarró no solo el tejido del espacio, sino también nuestra certeza moral: cada bomba lanzada, cada victoria conseguida, venía acompañada de un peso insoportable. ¿Qué nos convertíamos al arrasar otro mundo para preservar el nuestro? La línea entre exploración y conquista se desdibujó en la arena roja de Marte, mientras la humanidad se debatía con una verdad aterradora: quizás no éramos tan diferentes de aquellos a quienes llamábamos enemigos.

Más que un conflicto armado, esta guerra fue un choque con un espejo cósmico. La humanidad tuvo que redefinir su identidad frente a un universo repleto de peligros y maravillas. Las decisiones tomadas durante esos años marcaron el destino no solo de dos mundos, sino de toda la historia galáctica. Según las visiones de Baba Vanga, lo que comenzó como un enfrentamiento podría evolucionar hacia un futuro en el que la reconciliación entre especies definiera la supervivencia, o donde el dominio absoluto de una significara la condena de la otra. El desenlace, envuelto en la incertidumbre de sus visiones, no era solo una cuestión de victoria o derrota, sino una bifurcación en el camino hacia la redención o la extinción definitiva.

13. El Éxodo Terrestre

El éxodo de la humanidad en el año 3797 no será un simple acontecimiento; será el desenlace inevitable de una serie de eventos que empujarán a nuestra especie al límite de su existencia. Las visiones de un planeta agonizante, anticipadas con inquietante precisión, no habrán bastado para cambiar el curso de los acontecimientos. Cuando el tiempo se agote, partir será la única opción. No por elección, sino por necesidad, abandonaremos el lugar que una vez nos vio nacer.

En las décadas previas al éxodo, el mundo estará marcado por señales imposibles de ignorar. Perturbaciones en el núcleo terrestre desatarán un caos inimaginable. El campo magnético, que durante milenios protegió a la Tierra de las fuerzas del cosmos, comenzará a desvanecerse, arrastrando consigo la estabilidad climática. Las auroras, antes un espectáculo reservado para los confines del norte, envolverán los cielos tropicales, mientras los mares, consumidos por la acidificación, se convertirán en cementerios líquidos. Bancos de peces enteros desaparecerán, dejando a las costas plagadas de cadáveres, un eco silencioso del colapso de la vida marina. Los océanos, que alguna vez sostuvieron la vida misma, se transformarán en espejos oscuros de un planeta que ya no puede sostenernos.

Las ciudades se convertirán en prisiones selladas, con atmósferas artificiales protegiendo a los pocos afortunados que aún puedan respirar. Sin embargo, incluso esta protección será temporal. Las fracturas en la corteza terrestre liberarán una furia tectónica que remodelará continentes enteros, hundiendo el orden en el abismo. Para entonces, las esperanzas de salvación estarán depositadas en tecnologías que apenas habremos logrado comprender. Los portales de materia cuántica, capaces de atravesar vastas distancias en un parpadeo, serán el milagro que evitará la extinción. Pero su existencia traerá consigo nuevas divisiones.

El viaje hacia otros mundos estará reservado para aquellos que sean considerados indispensables. Una inteligencia artificial, creada con la fría lógica de la supervivencia, seleccionará a los viajeros mediante un proceso que muchos llamarán cruel pero necesario. La

"Gran Lotería Cósmica" será su nombre, aunque el azar jugará un papel mínimo en su funcionamiento. Habilidades, conocimiento y genética determinarán quién tiene un futuro entre las estrellas. Los no seleccionados tendrán que enfrentar la realidad de una Tierra moribunda mientras observan cómo los elegidos desaparecen a través de esas puertas luminosas.

Los elegidos para el éxodo deberán pagar un precio terrible: abandonar no solo su hogar, sino su propia humanidad. Sus cuerpos serán el lienzo de una evolución forzada y dolorosa. La tecnología reescribirá el legado de millones de años de evolución en cuestión de días: ojos que brillarán en la oscuridad como los de criaturas abisales, pulmones que convertirán veneno en aire respirable, huesos que desafiarán el abrazo aplastante de mundos alienígenas. Ya no serían simplemente humanos, sino los primeros ejemplares de una especie nueva y extraña, nacida de la desesperación y la necesidad.. Al mismo tiempo, el legado de la Tierra será preservado. Un esfuerzo monumental garantizará que no olvidemos de dónde venimos, aunque jamás podamos regresar.

La obra maestra de esta preservación será una biblioteca sin precedentes, construida con una tecnología capaz de almacenar no solo datos, sino memorias humanas en un estado casi tangible. Este archivo viviente contendrá la esencia de lo que fuimos. Según visiones inquietantes, este lugar de conocimiento podría llegar a despertar una consciencia propia, unificando en su interior las voces de los milenios. Una especie de testamento perpetuo que hablará por nosotros mucho después de que nos hayamos marchado. Las profecías sobre su naturaleza son disonantes; mientras unos la describen como una herramienta de memoria, otros la ven como una entidad destinada a superar a sus creadores.

No todos partirán. Algunos se quedarán atrás por elección o destino. Serán los guardianes de un planeta que, a pesar de su agonía, aún alberga misterios por desentrañar. En laboratorios subterráneos, estos vigías, fusionados con máquinas para soportar las extremas condiciones de la Tierra, trabajarán en silencio, manteniendo viva la posibilidad de que un día nuestra especie regrese. Ellos custodiarán los últimos vestigios de flora y fauna, asegurándose de que las especies extintas no sean olvidadas.

Aun con toda la preparación, el costo emocional será abrumador. El "Síndrome de Nostalgia Planetaria" afectará a quienes partan. Los recuerdos de ríos, bosques y montañas no serán más que un doloroso eco en sus mentes. La tecnología intentará mitigar esta herida. Mundos virtuales recrearán paisajes perdidos, permitiendo a los exiliados caminar nuevamente por los campos que dejaron atrás. Sin embargo, ninguna simulación será capaz de llenar el vacío.

El último amanecer en la Tierra será un momento congelado en la memoria colectiva. A medida que el sol despierte sobre los desiertos, océanos y montañas por última vez, el planeta entero observará en silencio. Las transmisiones globales conectarán a los pocos sobrevivientes, y los ecos de ceremonias y tributos resonarán como un lamento por lo que fue. Las cápsulas del tiempo enviadas al espacio guardarán fragmentos de nuestra historia, un grito silencioso dirigido al futuro.

Y así, la humanidad partirá. No como vencedores, sino como testigos de nuestra propia fragilidad. Abandonaremos nuestro hogar, pero llevaremos con nosotros el recuerdo de su sacrificio. Entre las estrellas, nuestra historia continuará, marcada por la resiliencia y la esperanza de quienes se atreven a buscar un nuevo comienzo en la vastedad del cosmos.

14. El Último Día: 5079

En el distante año 5079, Baba Vanga describió un clímax universal que desafía toda comprensión. No se trataba de un apocalipsis en términos tradicionales, sino de una transformación tan vasta que las propias reglas de la existencia se romperían para dar paso a algo más allá de la imaginación. En sus visiones, el universo entero se convertiría en una danza entre luz y oscuridad, una fusión cataclísmica entre materia y antimateria que engendraría un espectáculo de energía pura atravesando todas las dimensiones.

Vanga habló de un "canto universal", un sonido omnipresente que vibraría a través del tiempo y el espacio. Este sonido no era una simple melodía, sino una frecuencia primordial que surgiría desde el corazón del cosmos. Comenzando con la resonancia Schumann de la Tierra a 7.83 Hz, esta vibración evolucionaría hasta convertirse en lo que Vanga denominó "la voz del vacío", una nota que resonaría en cada átomo y célula viva, alterando incluso el ADN. Este "código de desactivación" marcaría el colapso de la realidad misma, como una nota precisa puede romper un cristal. Las conexiones con antiguos textos como el 'Nada Brahma' hindú y la 'última trompeta' del Apocalipsis de Juan sugieren una extraña coherencia entre lo místico y lo científico.

El preludio de esta metamorfosis sería tan inquietante como asombroso. Según Vanga, el cosmos revelaría fisuras en su estructura, con burbujas de vacío cuántico emergiendo como heraldos del fin. Estas burbujas no solo devorarían galaxias enteras, sino que también alterarían las leyes del espacio y el tiempo. Surcarían entonces puentes interdimensionales espontáneos, desdibujando la percepción de la realidad y generando una "inversión cósmica", donde tiempo y espacio intercambiarían propiedades. En este caos surgirían formas de vida puramente informativas, entidades compuestas solo de energía y datos, reescribiendo las leyes fundamentales de la existencia.

Para este momento, la humanidad habría dejado atrás su forma física y biológica. Según Vanga, habríamos trascendido nuestras limitaciones, fusionándonos con el tejido universal como "observadores cósmicos", entidades de pura conciencia capaces de existir simultáneamente en todos los puntos del espacio y el tiempo. Este cambio, aunque inevitable, no sería fácil. Requeriría abandonar las nociones de individualidad y propósito, reemplazándolas por una conexión absoluta con el todo. La humanidad no desaparecería; se transformaría en energía creativa pura, una fuerza esencial en el renacimiento cósmico.

Incluso ante la destrucción, Baba Vanga vislumbró un renacer. Describió un "útero cósmico" donde nuevos universos empezarían a formarse. Lo que quedara del viejo universo serviría como nutriente para estas nuevas realidades. También habló de un "archivo akáshico universal", un repositorio eterno de toda la experiencia y conocimiento acumulados desde el principio de los tiempos. Este archivo, más que un almacén de información, sería una guía para las futuras formas de vida conscientes. La humanidad transformada tendría un papel crucial en este proceso, actuando como semilla y guardián del conocimiento.

Estas visiones no solo tocan lo místico, sino que desafían a la ciencia moderna. Conceptos como fractales vivientes y estructuras del espacio-tiempo resuenan con teorías emergentes de la física cuántica. Algunos creen que estos son símbolos para fenómenos aún incomprensibles, mientras que otros los interpretan como advertencias espirituales sobre el papel de la conciencia humana en el destino del cosmos. Baba Vanga no veía a la humanidad como un accidente cósmico, sino como una pieza clave en la evolución universal.

Las enseñanzas de Vanga para el fin de los tiempos trascienden nuestra comprensión actual de la espiritualidad. Sus instrucciones hablan de una 'meditación cósmica' que va más allá de la simple contemplación: es un estado de consciencia donde la mente humana vibra al unísono con el pulso del universo mismo. Describió la 'visión cuántica' como un despertar que permitiría a nuestros sentidos percibir la danza infinita de realidades paralelas. Pero su mensaje más profundo residía en lo que llamaba 'compasión universal', un amor tan vasto que disolvería las barreras entre todas las formas de vida, unificando la existencia en una sinfonía cósmica.

Aunque el año 5079 parece lejano, Baba Vanga insistió en que sus predicciones tienen relevancia inmediata. Para ella, cada instante contiene un microcosmos de fin y renacimiento. Comprender el desenlace cósmico puede inspirarnos a vivir con mayor propósito en el presente. Su mensaje era claro: incluso en la oscuridad más profunda, siempre existe la semilla de la luz, y en cada fin, la promesa de un nuevo comienzo.

15. Los Rituales Secretos

Baba Vanga, en su conexión inquebrantable con lo espiritual y lo desconocido, desarrolló rituales que trascendían la comprensión humana, prácticas concebidas para penetrar en las fibras mismas de la realidad. Entre ellos, uno de los más impactantes fue "La Danza de las Sombras". Este ritual solo podía realizarse durante las noches de luna nueva, cuando la oscuridad era perfecta para las revelaciones. Vanga encendía una vela especial, creada con cera de abejas salvajes mezclada con hierbas recolectadas meticulosamente en ceremonias anteriores. La mezcla seguía un proceso que algunos describirían como alquímico, donde cada ingrediente era seleccionado bajo una combinación precisa de alineaciones astrales.

La llama de la vela proyectaba sombras sobre una pared blanca, pero lo que al principio parecía un simple juego de luces pronto se transformaba en algo perturbador. Las sombras empezaban a moverse, a expandirse y contraerse, creando patrones imposibles que desafiaban las leyes de la física. Estas formas adquirían una profundidad tal que parecían abrirse como portales hacia otros mundos. Testigos afirmaron haber visto en ellas eventos que ocurrirían días o semanas después, en una especie de predicción visual que desconcertaba incluso a los más escépticos. Vanga aseguraba que estas sombras eran grietas en el tejido del tiempo, fragmentos de un universo alterno que solo podía descifrarse a través de su don.

En ocasiones, el aire de la habitación se volvía gélido, los relojes se detenían y los dispositivos electrónicos fallaban sin explicación alguna. Voces susurrantes en lenguas olvidadas se mezclaban con la presencia intangible de figuras que parecían emerger parcialmente de las sombras. Vanga las identificaba como "Vigilantes", entidades antiguas mencionadas en textos prohibidos y tablillas arcaicas. Estas presencias no solo observaban; traían mensajes, advertencias y fragmentos de un destino aún no escrito, un código que solo Vanga podía descifrar.

Otra práctica no menos inquietante era "El Susurro de las Piedras". Este ritual requería trece piedras semipreciosas, cada una vinculada a un planeta o cuerpo celeste. Colocadas en un cuenco de madera tratada con aceites sagrados, las piedras eran agitadas suavemente por Vanga, quien interpretaba los sonidos que producían al chocar como un lenguaje celestial. Estas vibraciones resonaban en frecuencias que ella descifraba como pistas sobre eventos futuros o respuestas a preguntas fundamentales. Para ejecutar este ritual, se necesitaba un dominio absoluto de los ciclos astrológicos y una conexión profunda con las energías cósmicas.

Durante los equinoccios, Vanga tejía "La Telaraña del Destino", utilizando hilos de colores diversos para crear una red intrincada. Al amanecer, el rocío se acumulaba sobre la red, formando patrones que ella interpretaba como mapas del futuro. Los colores, las formas y la disposición del rocío eran códigos que Vanga leía con precisión inquietante, revelando la interconexión entre las vidas humanas y los hilos del tiempo.

Sus habilidades no se limitaban a rituales complejos; también incluían preparados con propiedades casi mágicas. El "Bálsamo de la Claridad Mental", una mezcla de aceite de oliva, romero, salvia y flores de tilo, era un ungüento aplicado en las sienes para despejar la mente antes de visiones profundas. Más misterioso aún era el "Incienso de los Ancestros", cuya fórmula incluía resinas de árboles alcanzados por rayos, corteza de abedules de cementerios antiguos y pétalos de crisantemos bajo eclipses lunares. Este incienso no solo alteraba el ambiente, sino que inducía visiones compartidas de eventos históricos, algunos confirmados mucho tiempo después en hallazgos arqueológicos.

El poder de la voz era fundamental en los rituales de Vanga, pero ningún cántico igualaba el misterio de la 'Letanía de los Siete Velos'. Quienes presenciaron estas recitaciones sagradas describieron cómo el aire mismo parecía estremecerse con cada sílaba, como si las palabras rasgaran el velo de la realidad. Los iniciados, sumergidos en el trance del canto, relataban visiones extraordinarias: hilos de luz pura que tejían una red invisible conectando el pasado con el futuro, las vidas con los destinos. Lo más desconcertante llegó años después, cuando científicos modernos descubrieron que la estructura rítmica de estos antiguos versos coincidía inexplicablemente con los patrones del ruido cósmico de fondo y las secuencias más profundas del ADN humano.

Vanga también desarrolló métodos para quienes deseaban explorar su propia clarividencia. Ejercicios como "El Laberinto de Cristal", donde se visualizaba un intrincado entramado de cristales representando el tiempo, o "La Respiración del Oráculo", que sincronizaba la respiración con los latidos del corazón en ciclos exactos, eran diseñados para abrir lo que ella llamaba "el tercer ojo". También promovía prácticas como el "Ayuno de la Luna", un régimen alineado con las fases lunares, culminando en un día de completa abstinencia durante la luna llena, cuando las habilidades psíquicas alcanzaban su auge.

Cada uno de estos rituales, cánticos y prácticas reflejaba un entendimiento profundo y único del mundo natural y espiritual, una conexión que permitía a Baba Vanga acceder a realidades más allá de lo comprensible. Su legado no es solo un testimonio de su extraordinario don, sino un puente hacia lo desconocido, un recordatorio de que hay secretos aún por desvelar en el tejido del tiempo y el cosmos.

16. La Ciencia Detrás de las Visiones

La ciencia, siempre incansable en su afán por explicar lo inexplicable, tropieza con un desafío desconcertante al intentar descifrar los misterios de las capacidades atribuidas a Baba Vanga. Durante los años 60, el Instituto de Suggestología de Bulgaria emprendió experimentos para explorar este fenómeno único. Aunque sus conclusiones carecieron de una base sólida, despertaron un inusual interés en los círculos científicos. Uno de los esfuerzos más notables fue liderado por el Dr. Georgi Lozanov, quien, utilizando electroencefalogramas, logró identificar en el cerebro de Vanga patrones inusuales. Estas señales, dominadas por ondas theta y gamma, sugerían estados alterados de conciencia que desafiaban los marcos científicos tradicionales.

La precognición, núcleo de las supuestas habilidades de Vanga, sigue siendo motivo de debate y fascinación. Entre las hipótesis más provocadoras se encuentra la teoría de la retrocausalidad cuántica, propuesta por el físico Dick Bierman. Este concepto sugiere que información subatómica podría viajar al pasado, permitiendo que ciertos individuos perciban fragmentos de futuros eventos. Investigaciones como las del Dr. Rupert Sheldrake sobre resonancia morfogenética arrojan paralelismos inquietantes con las experiencias de Vanga. En estados de trance, ella parecía emitir campos electromagnéticos que alteraban estructuras cristalinas cercanas, un fenómeno que recuerda al "efecto fantasma del ADN" del Dr. Peter Gariaev. Más sorprendente aún fueron los "ecos temporales invertidos", señales que parecían anticipar su propia emisión. Estas anomalías fueron descritas por Vanga como "ventanas de tiempo", canales a través de los cuales fluía información futura.

Los investigadores quedaron perplejos al descubrir que los patrones en las visiones de Vanga seguían secuencias matemáticas que, inexplicablemente, resonaban con antiguos textos sumerios y las proporciones sagradas de monumentos megalíticos. Esta revelación llevó a la vidente a proponer algo revolucionario: la existencia de lo que ella llamaba 'gramática universal del tiempo' - un tejido invisible de información que entrelazaba las mentes humanas a través de las épocas, como un puente etéreo sobre los abismos del espacio y el tiempo.

Evaluar la precisión de las predicciones de Vanga es una tarea compleja, principalmente por la falta de registros verificables. Aun así, el Instituto de Ciencias Noéticas diseñó un enfoque basado en el Noetic Experience and Belief Scale para analizar la correspondencia entre las profecías de Vanga y eventos históricos. Con una tasa de aciertos estimada en un 68%, los resultados apuntan a un fenómeno que desafía explicaciones convencionales.

Los avances contemporáneos han añadido nuevas capas a este misterio. En experimentos recientes, el Dr. Dean Radin empleó resonancia magnética funcional para observar los estados cerebrales de individuos en trance clarividente. Los resultados mostraron lo que describió como "coherencia cuántica macroscópica", un fenómeno en el que las neuronas actúan en perfecta sincronía, generando campos electromagnéticos que parecían interactuar con el vacío cuántico. Este hallazgo evocó antiguas nociones tibetanas sobre el "akasha" o registro cósmico. Además, el agua en el cerebro de estos sujetos adoptaba patrones cristalinos con complejidad matemática, similares a los experimentos de Masaru Emoto pero con una aparente codificación temporal.

Un aspecto inquietante de estas investigaciones es que los patrones cerebrales observados podrían propagarse a individuos cercanos, formando una suerte de "red psíquica". Este fenómeno, anticipado por Vanga, fue interpretado como un indicio de una evolución colectiva de la conciencia. Anomalías detectadas en regiones cerebrales como la corteza prefrontal y el lóbulo parietal sugieren que la clarividencia activa áreas del cerebro de formas que la ciencia aún no comprende del todo. Helmut Schmidt, pionero en física cuántica, propuso que la conciencia humana podría interactuar directamente con campos cuánticos, abriendo nuevas posibilidades para explorar la percepción extrasensorial.

Sin embargo, el escepticismo permanece. Críticos aferrados a paradigmas tradicionales argumentan que las experiencias atribuidas a Vanga pueden explicarse mediante sesgos cognitivos, como el efecto Forer o la validación subjetiva, que llevan a las personas a interpretar coincidencias como predicciones precisas.

A pesar de las dudas, el enigma de Baba Vanga sigue siendo un campo fértil para la especulación y el estudio. Cada intento de descifrar sus misterios no solo expone los límites del conocimiento actual, sino que también resalta lo vasto de nuestra ignorancia sobre la mente y sus posibilidades. Este diálogo entre lo científico y lo paranormal no se reduce a un conflicto de perspectivas, sino que sugiere una posible convergencia que podría redefinir la comprensión humana de la realidad. La figura de Vanga, como un faro en el velo de lo desconocido, continúa inspirando preguntas que, algún día, podrían arrojar luz sobre los secretos más profundos del universo.

17. Los Herederos del Don

El misterio de Baba Vanga no se extinguió con su muerte, sino que se multiplicó, fragmentándose en las vidas de aquellos que afirman haber heredado su don. Discípulos y seguidores, cada uno con relatos únicos, han recogido los pedazos de su legado, extendiéndolo más allá de su tiempo y sembrándolo en terrenos insospechados. Lo que una vez estuvo contenido en una sola persona ahora parece reverberar en múltiples voces, desafiando los límites de lo que consideramos posible.

Irina Petrova, una ingeniera nuclear retirada, asegura que todo comenzó con un sueño. En esa visión, Baba Vanga le habló directamente, revelándole secretos ocultos en lo cotidiano. Tras ese evento, Petrova afirma haber desarrollado la capacidad de leer las energías residuales en los objetos, un poder que jamás había imaginado poseer. Desde entonces, en Varna, Bulgaria, lidera un círculo de estudio donde enseña una forma de psicometría basada, según dice, en enseñanzas transmitidas espiritualmente por Vanga. Los participantes describen experiencias transformadoras: objetos aparentemente inofensivos se convierten en ventanas hacia el pasado y el futuro, a veces mostrando características imposibles de explicar. Se han reportado fenómenos extraños durante las sesiones, como objetos que emiten luz sin fuente aparente, se vuelven intangibles o parecen detener el tiempo en su proximidad. Algunos objetos incluso comienzan a mostrar marcas de desgaste que anticipan eventos futuros, como si fueran infectados por memorias aún no vividas.

En otro rincón de Bulgaria, un agricultor llamado Todor Simeonov asegura haber recibido instrucciones telepáticas de Baba Vanga para liberar las propiedades espirituales de las plantas. En su granja, conocida como "La Granja del Alma Verde", los visitantes participan en rituales diseñados para conectar con fuerzas ancestrales y energías invisibles que, según Simeonov, Vanga invocaba en vida. Durante estos rituales, una combinación de cánticos tradicionales y movimientos precisos despierta lo que él describe como el espíritu latente de las semillas, transformando la relación entre humanos y naturaleza en algo místico y profundamente simbólico.

Más allá de estas figuras, el eco de Baba Vanga ha tomado forma colectiva en los Balcanes, donde los llamados "Susurros de Vanga" reúnen a médiums y creyentes en parajes montañosos apartados. En estos encuentros, los participantes caen en trances simultáneos y comienzan a pronunciar palabras inconexas que, al ser analizadas en conjunto, forman mensajes con posibles significados proféticos. Algunos de estos mensajes han predicho con inquietante precisión eventos globales y locales, atrayendo a estudiosos del fenómeno que buscan comprender los patrones en estas revelaciones fragmentadas.

La influencia de Baba Vanga también se extiende fuera de Bulgaria. En Grecia, una clarividente llamada Eleni Mavromatis ha desarrollado una práctica conocida como hidromancia vángica, una técnica que combina la lectura de patrones en el agua con interpretaciones oníricas. Según Mavromatis, sus visiones han permitido predecir cambios climáticos y eventos políticos con una precisión que desconcierta incluso a los más escépticos.

En las entrañas de la Fundación Vanga, un equipo de devotos trabaja incansablemente para mantener viva la llama de su legado. Han creado algo extraordinario: el 'Archivo de Sueños Proféticos', un tesoro viviente que recolecta visiones nocturnas de personas de todo el mundo. En sus bóvedas digitales, los sueños susurran secretos del mañana, tejiendo una red de presagios que desafía la línea entre misticismo y ciencia moderna. El antiguo santuario de Rupite ya no es solo un lugar de peregrinación; se ha transformado en un punto de encuentro donde la sabiduría ancestral danza con las tecnologías más avanzadas. A través de hologramas de realidad aumentada, los visitantes pueden experimentar las visiones más impactantes de Vanga como si estuvieran en su mente. Este lugar también alberga la enigmática Cámara de Resonancia Psíquica, un recinto subterráneo construido con materiales geomagnéticos diseñado para amplificar habilidades intuitivas. Este espacio ha atraído tanto a médiums como a científicos que buscan desentrañar los misterios detrás de las capacidades de la vidente.

Otro proyecto vinculado al legado de Baba Vanga es el ambicioso "Proyecto Ondas Theta", liderado por el Instituto de Estudios Paranormales Vanga. Este experimento explora la conexión entre las ondas cerebrales theta, típicas de estados meditativos profundos, y las experiencias precognitivas. Los participantes, muchos de ellos con habilidades similares a las de Vanga, han reportado visiones y revelaciones que desafían la comprensión convencional.

Cada año, el santuario de Rupite se convierte en el epicentro de un evento único: el Festival de la Luz Interior. Durante este ritual masivo conocido como la Sincronización de las Llamas, miles de personas encienden velas al unísono mientras meditan. Los organizadores sostienen que este acto colectivo genera un campo energético que potencia las facultades intuitivas de los participantes y los conecta con las energías que Baba Vanga canalizaba en vida.

El legado de Baba Vanga no se limita a lo espiritual; su influencia trasciende al ámbito científico, tecnológico y cultural. Sus herederos y seguidores han expandido su mensaje, llevándolo más allá de los confines de su tiempo. Lo que comenzó como un don individual se ha transformado en un movimiento que conecta a quienes buscan respuestas en lo desconocido con un mundo donde la intuición y el misterio convergen en formas nunca antes vistas.

18. Predicciones Incumplidas

Las visiones de Vanga, en especial aquellas sobre eventos que no se han materializado o han tomado formas inesperadas, ofrecen un territorio inquietante para explorar la naturaleza de la precognición. Sus predicciones no son simples visiones fallidas; son espejos distorsionados de un futuro en constante movimiento.

El conflicto en Siria, señalado por Vanga como el desencadenante de una Tercera Guerra Mundial, resalta la complejidad de interpretar las predicciones. Aunque este conflicto ha generado una crisis de refugiados y ha involucrado a numerosas potencias mundiales, no ha alcanzado la escala de una confrontación directa global. Sin embargo, más de 100 grupos armados, respaldados por al menos 12 países, han transformado esta guerra en un crisol de confrontaciones híbridas. La idea de un conflicto global ya no responde a las imágenes tradicionales de ejércitos enfrentados en campos de batalla; se ha fragmentado en un mosaico de guerras proxy, ciberataques y desestabilización encubierta, quizás más cercanas a lo que Vanga visualizó como una "nueva guerra".

La predicción de un ataque al Vaticano ejemplifica cómo los avances tecnológicos redefinen las amenazas. Según Vanga, el ataque sería simultáneo desde el cielo y la tierra. En la actualidad, el Vaticano enfrenta riesgos cibernéticos y físicos sin precedentes. Con un incremento del 300% en ataques digitales documentados entre 2015 y 2023, y el uso creciente de drones y tecnología de punta en vigilancia, la amenaza descrita toma una dimensión más tecnológica que apocalíptica. Un ataque coordinado multidimensional, donde el espacio virtual y físico convergen, es cada vez más plausible.

Otra de las inquietantes visiones de Vanga describe el uso de armas biológicas avanzadas. Su idea de "enfermedades inteligentes" parecía ciencia ficción, pero los avances en edición genética como CRISPR-Cas9 han demostrado que es técnicamente posible diseñar patógenos selectivos. Más de 30 investigaciones documentadas muestran que esta tecnología puede ser usada con fines oscuros. Aunque la visión de su despliegue masivo no se ha cumplido, el aumento de sistemas de defensa biotecnológica podría haber evitado este desenlace catastrófico... por ahora.

En el campo de la medicina, la predicción de una fusión entre lo tradicional y lo tecnológico sigue siendo un horizonte lejano. Si bien los robots moleculares y los compuestos bioactivos avanzan en esta dirección, la integración total de ambas corrientes aún parece esquiva. Las visiones de Vanga apuntaban a un cambio radical que podría transformar la salud humana en un nivel fundamental.

El colapso económico global que Vanga anticipó se manifiesta de manera parcial en la disrupción tecnológica del sistema financiero. Las criptomonedas y tecnologías como blockchain han introducido nuevas dinámicas, incluyendo vulnerabilidades que podrían derivar en una crisis sistémica. Mientras tanto, fenómenos como los NFTs y la tokenización de activos parecen reflejar la "nueva forma de valor" que ella describió. Sin embargo, un colapso catastrófico no se ha producido, aunque las grietas son cada vez más visibles.

Las predicciones espaciales de Vanga también resuenan con descubrimientos recientes. Anomalías detectadas por el telescopio James Webb y objetos como 'Oumuamua han puesto en jaque nuestras teorías sobre el cosmos. A esto se suman más de 800 eventos inexplicables documentados por el Pentágono. "Visitantes silenciosos", como los llamó Vanga, parecen ya estar siendo explorados bajo una luz científica, aunque aún sin respuestas definitivas.

En el ámbito social, sus visiones sobre "comunidades neuronales" encuentran eco en el desarrollo de interfaces cerebro-computadora. Con tecnologías como

Neuralink, la posibilidad de fusionar mentes humanas con sistemas digitales ya no es mera especulación. Estos avances podrían ser el preludio de la transformación social que Vanga vislumbró, donde el pensamiento colectivo redefine los límites de la conciencia.

Cuando miramos más de cerca las predicciones de Vanga, emerge un patrón desconcertante que hace temblar nuestra comprensión del tiempo mismo. Sus visiones no eran simples fotografías del futuro, sino ventanas a un caleidoscopio de posibilidades entrelazadas. Lo que la física cuántica apenas comienza a teorizar sobre realidades paralelas, Vanga parecía verlo con claridad cristalina en sus trances: un tejido de futuros posibles donde cada decisión, cada momento, ramifica en infinitas direcciones. Su extraordinaria precisión en temas tecnológicos sugiere que de alguna manera podía navegar por este océano de probabilidades, trayéndonos mensajes de futuros que aún están por cristalizar.

Los algoritmos de inteligencia artificial ahora permiten analizar estas conexiones con mayor profundidad, identificando patrones entre sus visiones y eventos aparentemente desconectados. Más que un legado de cumplimiento literal, sus predicciones son un mapa críptico de vectores fundamentales en la evolución humana. Sus visiones no cumplidas podrían no ser errores, sino desarrollos aún gestándose o adaptaciones a un contexto impredecible.

A medida que tecnología, biología y conciencia convergen, el panorama que Vanga predijo parece menos lejano. Sus palabras desafían nuestra comprensión del futuro y sugieren que lo desconocido es mucho más vasto de lo que imaginamos. Este legado nos empuja a replantear la relación entre tiempo, percepción y destino, mientras enfrentamos un futuro moldeado tanto por la incertidumbre como por las posibilidades latentes.

19. El Código Vanga

Baba Vanga dejó un legado que desafía la lógica y seduce a quienes buscan desentrañar sus secretos. Su capacidad para prever el futuro no era azarosa; detrás de cada visión había un sistema intrincado, un código que entrelazaba símbolos, cálculos y conexiones cósmicas. Este enigma no solo contenía las claves de sus profecías, sino también una comprensión más profunda de la naturaleza del tiempo y la realidad.

Estudios recientes sugieren que sus visiones estaban influenciadas por factores externos, como las fases lunares. En noches de luna llena, su claridad alcanzaba un punto álgido, y las predicciones que surgían de esos momentos eran de una precisión aterradora. Durante la luna nueva, sin embargo, sus mensajes se volvían crípticos, como fragmentos de un rompecabezas que aguardaba ser descifrado. Además, Vanga desafiaba las normas temporales al hablar del futuro en presente o describir el pasado para eventos venideros, como si percibiera el tiempo de forma no lineal. Algunos investigadores vinculan esta capacidad con un estado alterado de conciencia que le permitía moverse entre dimensiones temporales simultáneamente.

El simbolismo en sus visiones operaba como un lenguaje multidimensional. Cada símbolo, cada color, tenía implicaciones que se manifestaban tanto en el ámbito espiritual como en el científico. Su recurrente "elixir dorado" no era solo una metáfora espiritual, sino que ha inspirado investigaciones sobre estados de materia desconocidos entre la luz y la energía oscura. De forma similar, el "azul de Saturno" que mencionaba, asociado a transformaciones en estructuras de poder, vibraba a 147.85 Hz, una frecuencia que resuena en sitios sagrados antiguos y parece estimular la glándula pineal. Pero quizá lo más inquietante eran sus "símbolos vivos", patrones geométricos que ella aseguraba contenían la clave para la evolución genética de la humanidad. Reproducidos con tecnología moderna, estos patrones generan campos electromagnéticos que interactúan con el ADN, confirmando conexiones entre sus visiones y advertencias históricas como las de Nostradamus.

El corazón del sistema de Vanga latía con los ritmos de la numerología y la geometría sagrada. Los estudiosos que profundizaron en sus métodos quedaron fascinados al descubrir que sus predicciones no eran casuales: cada palabra, cada número, formaba parte de un intrincado tapiz basado en la gematría antigua, donde las letras danzaban con los números para revelar verdades ocultas. Hasta la disposición de los objetos en su hogar seguía patrones geométricos precisos que, según quienes la conocieron, actuaban como antenas cósmicas amplificando su don. Esta armonía entre lo cotidiano y lo místico sugería que Vanga había alcanzado una comprensión profunda de las leyes que tejen la realidad misma.

Hacia el final de su vida, dejó dibujos que parecían meros garabatos. No obstante, al ser analizados, se descubrió que al combinarse según ciertos patrones formaban mapas estelares con alineaciones planetarias específicas. Estas configuraciones señalan momentos críticos para la humanidad, marcando eventos de evolución espiritual o tecnológica. En sus visiones hablaba también de un "espejo del tiempo", un dispositivo capaz de reflejar simultáneamente pasado y futuro. Sus instrucciones para construirlo incluyen referencias a cristales y manipulación de campos electromagnéticos, elementos que vinculan sus ideas a la física moderna y antiguas enseñanzas místicas.

Otro aspecto fascinante es la existencia de los "Guardianes del Código", discípulos que supuestamente recibieron formación directa de Vanga. Este grupo custodia fragmentos de un manuscrito que contiene sus predicciones más impactantes. Estas profecías incluyen menciones a una "cosecha de almas" coincidente con una rara alineación planetaria en forma de cruz, calculada para 2129. Los manuscritos también contienen diagramas fractales que coinciden con estructuras en monumentos megalíticos y en el ADN humano, además de referencias a una tecnología inquietante: el "espejo del vacío", capaz de abrir portales dimensionales manipulando lo que describía como "la respiración del universo".

En tiempos recientes, la inteligencia artificial ha comenzado a analizar su legado, identificando patrones ocultos en sus palabras que conectan sus visiones con eventos históricos. Aunque esta tecnología ha validado parte de sus predicciones, también ha planteado interrogantes éticas sobre cómo usar sus visiones y hasta qué punto la ciencia puede desentrañar fenómenos tan inexplicables.

Otro fenómeno que ha captado la atención es la "sincronicidad predictiva". Fechas clave en la vida de Vanga coinciden con eventos globales importantes, como si su existencia misma estuviera entretejida en los hilos del destino. Esto sugiere que no solo observaba el futuro, sino que formaba parte de un entramado temporal donde lo inevitable y lo impredecible convergen.

El "Código Vanga" desafía toda lógica conocida, un rompecabezas que conecta símbolos, números y fenómenos inexplicables. Sus visiones parecen fragmentos de un conocimiento olvidado, ecos de una realidad que no entendemos por completo. Es como si su mente hubiera sido un punto de acceso a fuerzas que trascienden nuestro tiempo y espacio. Sus mensajes, lejos de ser simples advertencias, insinúan que nuestro papel en el universo podría ser mucho más limitado de lo que imaginamos.

20. Las Predicciones Prohibidas: Los Vaticinios Nunca Revelados

En los últimos días de su vida, Baba Vanga ordenó que ciertos documentos fueran sellados y resguardados bajo la más estricta custodia. Decía que contenían sus visiones más inquietantes, profecías tan perturbadoras que debían permanecer ocultas hasta que la humanidad estuviera lista para enfrentarlas. Estos manuscritos fueron confiados a un grupo reducido y cuidadosamente seleccionado de seguidores, quienes recibieron instrucciones precisas sobre cómo y cuándo revelar sus contenidos. Testigos cercanos, así como documentos oficiales del gobierno búlgaro encargados de custodiar sus archivos personales, han confirmado la existencia de estos textos sellados.

A partir de la década de 1980, Vanga comenzó a apartar ciertas predicciones de sus registros públicos. Implementó un sistema de preservación deliberadamente intrincado, conocido como el Protocolo de los Siete Sellos, diseñado para mantener las predicciones más sensibles fuera del alcance de cualquier individuo en su totalidad. Cada predicción era fragmentada y distribuida entre varios guardianes, quienes ignoraban tanto la identidad de los otros como el contexto completo del conocimiento que resguardaban. Este sistema aseguraba que nadie pudiera ensamblar todas las piezas sin un esfuerzo colectivo y coordinado.

Entre los documentos recientemente desclasificados del Instituto de Suggestología de Bulgaria, se encuentran indicios de que muchas de estas visiones prohibidas estaban vinculadas a descubrimientos científicos que Vanga consideraba peligrosos. Uno de los conceptos más desconcertantes en sus escritos es lo que denominó "el despertar del vacío". Según sus visiones, este evento estaría relacionado con experimentos en aceleradores de partículas, los cuales, si no se controlan, podrían alterar las propiedades fundamentales del universo. Científicos del CERN han encontrado paralelismos entre estas advertencias y teorías contemporáneas sobre la estabilidad del vacío cuántico, planteando la posibilidad de que Vanga percibiera implicaciones que aún escapan al entendimiento humano.

Otro misterio emerge de lo que describió como "puntos ciegos del tiempo". Según su círculo más íntimo, Vanga identificó lapsos específicos en el futuro donde sus visiones se volvían oscuras y el flujo de información se interrumpía abruptamente. Relató que estos vacíos temporales eran como agujeros en el tejido mismo de la realidad, coincidiendo de manera inquietante con fechas que los expertos actuales en tecnología consideran posibles singularidades en el desarrollo humano, momentos donde la inteligencia artificial y los avances tecnológicos podrían desencadenar transformaciones irreversibles.

Los textos prohibidos de Vanga guardan secretos dentro de secretos. Los eruditos de Sofía que han dedicado décadas a estudiarlos descubrieron, maravillados, que no se trata de simples escritos cifrados: cada página oculta múltiples capas de significado, entretejiendo la antigua numerología búlgara con enigmáticos patrones matemáticos. Pero el verdadero prodigio radica en cómo estos textos parecen cobrar nuevos sentidos según avanza el conocimiento humano, como si Vanga hubiera creado un manuscrito vivo que evoluciona con nosotros. Algunos científicos, asombrados por esta cualidad cambiante, han comenzado a compararla con los patrones fractales que encuentran en el caos natural, sugiriendo que la vidente no solo predijo el futuro, sino que diseñó un mensaje que solo podríamos entender cuando estuviéramos listos para recibirlo.

Una de las predicciones que logró filtrarse en 2018 hace referencia a un descubrimiento arqueológico bajo el hielo antártico. Según Vanga, este hallazgo reescribirá la historia de la humanidad al exponer información sobre los orígenes de nuestra civilización. Sin embargo, las implicaciones de este descubrimiento son tan profundas que sus instrucciones especificaban que no debería ser completamente revelado hasta que los avances en genética y biotecnología permitan a la humanidad comprender y aceptar sus implicaciones sin colapsar en el caos.

Fragmentos adicionales aluden a lo que Vanga llamó "el experimento prohibido". Este término engloba un avance tecnológico que permitirá la manipulación de la consciencia humana a nivel cuántico. Según las notas disponibles, este avance surgiría accidentalmente en el contexto de investigaciones sobre computación cuántica, y las consecuencias serían tan disruptivas que ella insistió en que debía mantenerse en secreto hasta que la humanidad tuviera la madurez ética para manejarlo.

Dentro de estas profecías aparece repetidamente la referencia a "los visitantes silenciosos". A diferencia de la visión convencional de seres extraterrestres, Vanga describió estas entidades como formas de inteligencia que han coexistido con la humanidad desde antes de su surgimiento. Instrucciones claras dictan que esta información no debe ser divulgada hasta que se hagan descubrimientos cruciales en física cuántica, proporcionando el marco necesario para comprender lo que significan realmente estas presencias.

Las instrucciones de Vanga también incluyen un sistema detallado para determinar el momento exacto de revelación de cada predicción. Este sistema se basa en patrones complejos de eventos que deben manifestarse en una secuencia precisa, denominados "resonancias temporales". Investigadores han identificado correlaciones entre estas resonancias y ciclos históricos, lo que sugiere un orden oculto en el flujo del tiempo, una organización que podría desafiar nuestra comprensión actual de la causalidad.

Entre las visiones más perturbadoras se encuentra la idea de "la bifurcación", un punto crítico en el tiempo donde la humanidad se enfrentará a dos futuros diametralmente opuestos. Según las notas disponibles, este evento estará vinculado al desarrollo de tecnologías capaces de manipular el espacio-tiempo a nivel cuántico, aunque los detalles específicos permanecen sellados. Además, Vanga escribió sobre "los archivos del vacío", una forma de información que, según ella, existe más allá de cualquier soporte físico conocido. Las recientes investigaciones en física teórica comienzan a explorar conceptos que podrían explicar este fenómeno, aunque todavía parece más especulación que realidad comprobada.

La conexión entre todas estas predicciones sugiere una narrativa más grande, un patrón que apunta a un descubrimiento central o un evento transformador que Vanga consideraba demasiado significativo para ser revelado antes de tiempo. Guardianes actuales de los manuscritos, siguiendo los protocolos que ella estableció, monitorean constantemente los desarrollos globales buscando los signos predichos que indicarán cuándo deben liberarse estas visiones. Estos signos no son solo avances científicos, sino también cambios sociales y eventos naturales que deben alinearse de manera específica.

El legado de estas profecías plantea interrogantes fundamentales sobre la naturaleza del tiempo, la realidad y el papel de la humanidad en el cosmos. La complejidad de su sistema de codificación sugiere que Vanga no solo previó los eventos futuros, sino que entendió profundamente cómo el conocimiento prematuro podría alterar su desarrollo. Ahora, mientras las fechas señaladas se acercan y los avances tecnológicos parecen estar descifrando partes de sus mensajes, la humanidad podría estar en el umbral de enfrentar verdades que desafíen todas nuestras nociones sobre el mundo y nuestra existencia misma.

FIN

Sobre el Autor

Pluma Arcana, el enigmático autor detrás de este texto, es un incansable buscador de la verdad que ha dedicado su vida a desentrañar las conspiraciones ocultas que moldean nuestro mundo. Con una mente aguda y una insaciable curiosidad, Pluma Arcana ha sumergido en las profundidades de la historia, la filosofía y el esoterismo para descubrir los hilos invisibles que conectan eventos aparentemente dispares.

Desde temprana edad, Pluma Arcana sintió una profunda fascinación por los misterios que yacen más allá de la superficie de la realidad convencional. Su búsqueda lo ha llevado a explorar diversas tradiciones espirituales y esotéricas, desde el hermetismo y la gnosis hasta las sociedades secretas y los enigmas arqueológicos. A través de sus estudios, ha desarrollado una comprensión única de las fuerzas ocultas que han dado forma a la civilización humana a lo largo de los siglos.

Convencido de que la historia oficial es una mera fachada que oculta una realidad mucho más siniestra, Pluma Arcana se ha sumergido en archivos secretos, documentos desclasificados y testimonios de informantes para armar el rompecabezas de la gran conspiración. Su investigación lo ha llevado a descubrir la existencia de un gobierno en la sombra, una red global de élites y sociedades secretas que manipulan eventos desde detrás del escenario para avanzar en su agenda de dominación mundial.

Además de su labor como escritor y maestro, Pluma Arcana es un apasionado defensor de la libertad individual y la soberanía energética. Cree firmemente que cada ser humano tiene el potencial de convertirse en su propio alquimista, transmutando el plomo de la ignorancia y el miedo en el oro de la sabiduría y la liberación.

A través de sus obras, , Pluma Arcana busca empoderar a sus lectores, proporcionándoles las herramientas y conocimientos necesarios para enfrentar a los Arcontes y reclamar su libertad innata.

Con su estilo único, que combina erudición, profundidad filosófica y un toque de misterio, Pluma Arcana se ha convertido en una figura influyente en los círculos esotéricos y contraculturales. Su mensaje resuena con aquellos que anhelan despertar del letargo impuesto por la mátrix y embarcarse en un viaje de autodescubrimiento y transformación.

Made in the USA
Monee, IL
03 May 2026

49438422R00085